Sozialismus und Volkswirtschaft in der Kriegsverfassung.

Von

Dr. Friedrich Bendixen
Direktor der Hypothekenbank in Hamburg.

BERLIN 1916.
J. Guttentag, Verlagsbuchhandlung, G. m. b. H.

Sonderdruck aus Nr. 3
des XVI. Jahrgangs des „BANK-ARCHIV“. 1916.

INHALT.

Sozialismus und Volkswirtschaft.

I.

Der soziale Gedanke.

„Wenn man die Zeitalter kennzeichnet nach den Ideen, die sie beherrschen, so wird man das unsrige als das Zeitalter des sozialen Gedankens ansprechen dürfen. Denn seitdem die nationale Idee in der Begründung der Reichseinheit ihre Erfüllung gefunden, hat keine der unsere Zeit bewegenden geistigen Strömungen eine solche Macht über die Gemüter gewonnen, wie der Gedanke der sozialen Gerechtigkeit, des Schutzes der wirtschaftlich Schwachen.

Den ihre Zeit beherrschenden Ideen wohnt die Tendenz inne, die Grenzen ihres eigentlichen Gebiets zu überschreiten und den Blick zu trüben für eine objektive Betrachtung benachbarter Dinge. So entstehen die seltsamen Vorurteile und Irrtümer der Zeiten, über die sich dann die Nachwelt nicht genug wundern kann. Wie hat in vergangenen Jahrhunderten der religiöse Trieb erobert und geblendet; wie hat er hinübergegriffen auf die Gebiete der Wissenschaft, der Justiz, der Politik und selbst die besten Köpfe ihrer Zeit in einen Nebel von Torheit und Wahn gehüllt. Hier wird die Geschichte zur Lehrmeisterin. Sie möge uns mahnen, die Lieblingsideen unserer Zeit kritisch zu betrachten. Der soziale Gedanke darf nicht zu kritikloser Gefühlsduselei werden. Es gilt, ihn begrifflich klar zu erfassen und die Grenzen zu bestimmen, die er nicht überschreiten darf. Denn schon beginnt er, sich ein Nachbargebiet zu unterwerfen: er dringt ein in die Nationalökonomie. Bei der Beurteilung wirtschaftlicher Fragen legt sich der soziale Gedanke wie ein Schleier vor das nationalökonomische Gesichtsfeld."

Diese Worte finden sich in einem Aufsatze[1]) aus dem Jahre 1908, in welchem ich mahnte, die Reichsfinanzreform nicht nur aus finanziellem und sozialem, sondern auch aus volkswirtschaftlichem Gesichtswinkel in ihrer Wirkung auf das nationale Vermögen zu beurteilen. Wieviel mehr Geltung haben sie in unsern Tagen, wo die Regierung einem vermeintlichen oder wirklichen Gebot der Kriegsnotwendigkeit gehorchend den Sozialismus zum Prinzip der nationalen Wirtschaft erhoben hat.

Welche Wandlungen hat doch der Zeitgeist im Laufe des vergangenen Jahrhunderts erlebt! Die Befreiung des wirtschaftlichen Lebens aus den Verschnürungen überwundener Epochen hatte eine materielle Blüte heraufgeführt, die mächtig die sieghafte Kraft unterstützte, mit welcher wir den liberalen Gedanken in den Tagen der Reichsgründung in Parlament und Leben sich auswirken sehen. Doch nur zu bald schon zeigten sich die Auswüchse des Systems des „freien Spiels der wirtschaftlichen Kräfte“. Es folgte die Wendung, die die Gründung des Vereins für Sozialpolitik bezeichnet. Bedeutende Geister unserer Hochschulen nahmen mit kühlem Kopf

[1]) Die Reichsfinanzreform, ein nationalökonomisches Problem. Hamburg 1909. S. 27 u. 28.

und warmem Herzen den Kampf auf wider das „Manchestertum“, das dem Staat die Rolle des Nachtwächters zuwies, die Lohnarbeiter bedrückte und befangen in kosmopolitischen Freihandelsideen die schutzbedürftige nationale Produktion vernachlässigte. Und während die sozialdemokratische Flut in der Arbeiterschaft höher und höher stieg, gewannen die „Kathedersozialisten“ mehr und mehr Boden in den Kreisen der Gebildeten, ja der größte Mann des Jahrhunderts trat auf ihre Seite. Fürst Bismarck beschritt die Bahn seiner nationalen Wirtschaftspolitik und der sozialen Gesetzgebung und kämpfte sie durch gegen die Vertreter des entschiedenen Liberalismus, gegen die Bamberger und Richter, um nur die bedeutendsten Namen zu nennen. Es war das Ende des alten Liberalismus. Denn was heute im Parteisinne als „entschieden“ liberal betrachtet wird, hat demokratisch-soziale Färbung und schwört nicht mehr zu Bambergerschen oder Richterschen Idealen.

Seitdem hat der individualistische Liberalismus im deutschen Parteileben keine Stätte mehr. Und in der Tat werden sich schwerlich noch Leute finden, die etwa Bismarcks Wirtschaftspolitik und Sozialgesetzgebung ungeschehen sehen möchten. Wer heute im Gegensatz zum wirtschaftlichen Sozialismus liberal denkt, der will einen Liberalismus Bismarckscher Richtung, einen durch nationale und soziale Gedanken veredelten Liberalismus. Dieses Prinzip hat indessen aufgehört Partei-Maxime zu sein. Ja, es hat auch keinen Anspruch mehr auf die Bezeichnung „liberal“, denn es ist die gemeinsame Ueberzeugung aller Parteien, außer der sozialdemokratischen. Mögen die Ansichten über das erforderliche Maß nationalen Zollschutzes für Industrie und Landwirtschaft noch soweit auseinandergehen, mögen dieser Partei die agrarischen, jener die städtischen Interessen mehr am Herzen liegen, keine der bürgerlichen Parteien sehnt sich zurück in die Zeiten mittelalterlicher Gebundenheit oder in die des schrankenlosen Manchestertums, alle bekennen sich zu der Wirtschaftsordnung, wie sie vor dem Kriege bestanden hat, mit der freien Betätigung der privaten Initiative in Handel und Produktion und der Unverletzlichkeit des Eigentums. Dieses dünkt allen so selbstverständlich, daß es sich kaum zu lohnen scheint, den „bürgerlichen" Standpunkt zu formulieren, ihn zum Gegenstand einer Auseinandersetzung mit dem Programm der Sozialdemokratie zu machen. Die Erörterungen, wieweit die sozialistischen Forderungen berechtigt sind und erfüllt werden müssen, berühren nicht das Gebiet der individualistischen Wirtschaftsordnung. Hier fühlt sich die bürgerliche Gesellschaft in dem gesicherten Besitz der Uebermacht.

Sollte diese Sicherheit trügerisch sein? Die Energie des Angreifers pflegt größer zu sein als die des Verteidigers. Und wenn auf der Seite des Verteidigers Tendenzen erwachen und um sich greifen, die dem Angreifer das Spiel erleichtern, wenn der soziale Gedanke in breiten Kreisen der bürgerlichen Gesellschaft zu gefühlsmäßiger Anerkennung sozialistischer Gleichheitsbestrebungen entartet, dann dürfte es an der Zeit sein, auf die drohende Gefahr hinzuweisen und zur Wachsamkeit aufzurufen. Dann gilt es, mit der Klarheit kritischer Betrachtung die trübe Verschwommenheit zu überwinden, in die die Anschauungen über Natur und Zweck unseres Wirtschaftslebens geraten sind. Dann stellen wir die Fragen: Was will die Sozialdemokratie? Und was wollen wir?

2.

Der Sozialismus.

Die Sozialdemokratie strebt abgesehen von ihren praktischen Zielen zur Hebung der Arbeiterklasse einem Ideale nach, das bei nüchterner Betrachtung dem Menschen, seiner Natur nach, niemals beschieden sein kann, dem Ideale der Gleichheit und Brüderlichkeit, von der französischen Revolution her uns als égalité und fraternité wohl bekannt. Daß dieses Ideal sich mit der liberté, der Freiheit, vereinigen lasse, war nur eine Unaufrichtigkeit der Jakobiner, die uns nicht täuschen kann. Denn ohne Frage muß der „Zukunftsstaat", der jedem das Seinige zumißt, auch über jeden Bürger die Macht haben, ihm seine Tätigkeit vorzuschreiben, so daß Fürst Bismarck recht hatte, wenn er das Ideal der Sozialdemokratie ein großes Zuchthaus nannte. Das Wort ist hart, aber man würde der Sachlage nicht gerecht werden, wenn man die Stellung des Bürgers im Zukunftsstaat etwa mit der unserer heutigen Beamten vergleichen wollte. Denn der Beamte tritt freiwillig in den Staatsdienst und hat das Recht, ihn zu verlassen, wann er will. Der Bürger des Zukunftsstaats aber hat keine Wahl. Der Zwang führt ihn hinein und hält ihn darin fest. Er ist richtiger Staatssklave. Doch gesetzt, die Weisheit und Gerechtigkeit der sozialistischen Machthaber verstände es, uns die Knechtschaft so zu versüßen, daß jeder, wie ein artiges Kind, seine ihm auferlegte Pflicht freudig erfüllte, würde dann die Sicherheit, daß der Staat uns nicht werde verhungern lassen, uns entschädigen für den Verzicht auf die Freiheit der persönlichen Bewegung und die Aussicht auf eine Gestaltung unseres Lebens, wie wir sie nur durch eigene Kraft im Kampfe des Lebens zu erringen hoffen? Das mag zutreffen bei stillen Naturen, die in einer bescheidenen Beamtenstellung die Krönung ihres Lebens erblicken. Die Kräfte dagegen, die Deutschland reich und mächtig gemacht haben, wachsen nicht auf diesem Acker. Die wollen das Höchste leisten, aber in persönlicher Freiheit, und widerstreben der Einordnung in einen zwangsmäßigen Beamtenapparat. Es sind die besten seelischen und geistigen Kräfte der Nation, deren Selbständigkeitsgefühl, Tatendrang und Optimismus das Kulturideal der Sozialdemokratie mit der Vergesellschaftung der Produktionsmittel und der Aufhebung des Privatkapitals von vornherein zur absoluten Hoffnungslosigkeit verurteilt. Welch ein Verlust an nationaler Kraft! Mag auch mancher, dem das Leben nicht gehalten hat, was es ihm versprach, als müder vom Schicksal umher gestoßener Mann sich dem Sozialismus in die Arme werfen; mag auch mancher Beamte, der sein Gehalt mit den Einkünften der Standesgenossen in den freien Berufen vergleicht, die sozialistische Staatsordnung gerechter finden; zu deutscher Lebenskraft paßt sie so wenig, wie das Kloster zu Heldentaten. Und es ist schwer, ernst zu bleiben, wenn man sich vorstellt, daß die hundertundzehn rüstigen Männer, welche das deutsche Volk als sozialdemokratische Abgeordnete in den Reichstag entsandt hat, sich zu diesem Ideale bekennen. Freilich, die mögen hoffen, bei der Organisation der ungeheuren Zwangsanstalt eine ihrer Energie und Intelligenz angemessene freie Betätigung zu finden. Wer aber nicht zu dieser Aristokratie gehört und in der Galeere des Zukunftsstaates allem persönlichen Hoffen und Streben entsagen soll, der ist übel dran.

Das sozialistische Ideal verträgt schon vom Standpunkt des Willens zum Leben keine Kritik, und längst hätte dieses trübselige Gewässer durch die Sonnenstrahlen der Vernunft trocken gelegt sein müssen, wenn es nicht von einem Zufluß gespeist würde, der ununterbrochen aus den Tiefen der Menschennatur quillt und seinen Wasserspiegel stets von neuem emporhebt. Dieser Zufluß ist nichts anderes als der leidige Neid. Wenn der Vergleich mit dem vom Glücke mehr begünstigten Nächsten im menschlichen Herzen Unlustgefühle weckt, so ist das an sich noch kein Fehler. Im Gegenteil; indem dadurch der Ehrgeiz zu kraftvoller Tätigkeit gespornt wird, bedeutet es einen Gewinn. Zum Charakterfehler, ja zum Laster wird der Neid erst, wenn er sich zu dem leidenschaftlichen Wunsche verdichtet, dem Glücklicheren möchte sein Glück genommen werden, auf daß es ihm ebenso schlecht ergehe, wie dem Neidischen. Diese Art des Neides, der es weniger darauf ankommt, das eigene Glück zu mehren, als das Glück des Anderen zu mindern, gilt seit den Tagen der Römer als eine spezifische Eigenschaft des deutschen Charakters, vor welcher es uns um so weniger anstehen würde, die Augen zu verschließen, als wir uns andererseits nicht scheuen, mit berechtigtem Stolze die großen Vorzüge hervorzuheben, die uns sonst vor den fremden Nationen auszeichnen. Wie schon Tacitus bei aller Bewunderung für die deutschen Nationaltugenden in der invidia, mit der die Germanen sich untereinander verfolgten, ein Mittel zur Erhaltung der römischen Herrschaft sah, so nimmt noch heute der Ausländer, ja selbst der aus der Fremde heimkehrende Deutsche, mit Erstaunen wahr, welche Macht der Neid über uns hat. Er herrscht in der Gesellschaft, im Berufsleben, in der Politik, in der Gesetzgebung; er gibt dem Klassenkampf der Sozialdemokratie den Akzent gehässiger Verbissenheit und er wirbt unter der Maske eines sozial-ethischen Prinzips in den Kreisen der Gebildeten um die Sympathien mit dem sozialistischen Ideal. So ist die „soziale Gerechtigkeit“ gewissermaßen zur allgemeinen Neid-Parole bei vielen geworden, die sich sonst vor der Verwirklichung des Zukunftsstaates bekreuzigen würden, und hat die Gemüter empfänglich gemacht für die Aufrichtung eines Kriegssozialismus, der die Verhütung persönlicher Bereicherung scharf in den Vordergrund der politischen Ziele stellte. Und verkennen wir es nicht: mag man den Neid unschön finden, vom sozialen Standpunkt ist er ein willkommener Faktor, indem er die „ausgleichende Gerechtigkeit- zwischen den Individuen und den Ständen verlangt und fördert. Die soziale Gleichheit verträgt es nicht, daß der eine viel und der andere wenig habe. Aber sie ist befriedigt, wenn beide gleich wenig haben.

Anders freilich steht das Interesse der Nationalwirt schaft dieser Alternative gegenüber. Denn das ist eben das Kennzeichnende des sozialistischen Ideals, daß es die Nationalwirtschaft dem Verderben zuführen würde. Dies gilt es vor allem zu begreifen, ehe eine Regierung die Bahn des Sozialismus beschreitet. Jeder Erörterung sozialistischer Forderungen hat die Prüfung der Frage voraufzugehen, wie ihre Erfüllung auf die wirtschaftliche Kraft der Nation einwirken würde. Denn das Heil der Nation, das untrennbar ist von ihrem wirtschaftlichen Gedeihen, steht turmhoch über den Ansprüchen der ausgleichenden Gerechtigkeit und der sogenannten sozialen Ethik. Diese Ueberzeugung sollte auch die Sozialdemokratie teilen, seitdem sie am Scheidewege zwischen Internationale und Vaterland ruhmwürdig ihrem deutschen Herzen gefolgt ist.

3.

Sozialismus und Volkswirtschaft.

Der finstere Gedankenbau des sozialistischen Zukunftsstaates weiß nichts oder will nichts wissen von den treibenden Kräften des wirtschaftlichen Lebens. Was der vom Erwerbssinn gespornte freie Wille vollbringt, das soll künftig der Zwang ebensogut oder besser leisten. Welche Verkennung des Unterschiedes zwischen Zwang und Freiheit! Welche Verkennung der Menschennatur überhaupt! Jeder Mensch ist ein wirtschaftendes Subjekt. Er wendet bewußt zur Herbeiführung eines Erfolges nicht mehr Kraft und Mittel auf, als ihm dazu erforderlich erscheinen. Mit möglichst geringer Leistung möglichst viel zu erreichen, ist die Aufgabe alles Wirtschaftens, ja überhaupt jedes zweckmäßigen Handelns. Beschränkt man nun den zu erzielenden Wirtschaftserfolg auf ein bestimmtes Maß, das keiner Steigerung fähig ist, so wird sich die ganze Energie des Wirtschaftenden darauf richten, seine Leistung möglichst zu verringern, um nicht ohne Nutzen zu arbeiten, wie er umgekehrt, wenn ihn unbeschränkte Verdienstmöglichkeit lockt, seine Arbeitskraft bis zur Grenze seines Könnens anstrengen wird. Hierauf beruht es, daß z. B. die Bürokratie nie die Leistungen der freien Arbeit erreichen wird, denn auch das Pflichtgefühl und die Vaterlandsliebe, die unsere Beamten auszeichnen und ihre Leistungen weit über das in anderen Staaten übliche

Maß erheben, vermögen jenes wirtschaftliche Naturgesetz nicht außer Kraft zu setzen. Wie aber würde sich dann die Produktion im Zukunftsstaat gestalten? Es wäre der krasseste Gegensatz zur heutigen Wirtschaft. Wo wir heute alle Kräfte in höchster Anspannung um die Palme des Erfolges ringen sehen, genössen wir dann den traurigen Anblick eines allgemeinen Wettkampfes in der Trägheit -- mit dem unabwendbaren Ergebnis nationaler Verarmung. Wie könnte es auch anders sein? Der Kapital-Reichtum einer Nation besteht unter der geltenden Wirtschaftsordnung in den Kapitalien der Individuen. Er wächst durch das Interesse des Einzelnen an der Vermehrung seines Vermögens. Diesen Motor ersetzt kein Zwang und kein Gesamtwille.

Wollen wir die wirtschaftliche Blüte der Nation befördern, so bleibt uns nichts übrig, als die Ungleichheiten in den Kauf nehmen, die die Verschiedenheit der Begabungen sowohl wie der menschlichen Schicksale für die Ergebnisse ihres Wirkens und damit für die Verteilung der Güter im Gefolge hat. Wir müssen den Unterschied zwischen Arm und Reich anerkennen und als Gesetz in unseren Willen aufnehmen. Und zwar nicht als ein unabwendbares Uebel, sondern als eine für die Gesamtheit fruchtbare Naturnotwendigkeit. Auch der Arme hat von dem Reichtum glücklicherer Volksgenossen nur Gewinn, von allgemeiner Armut nur Schaden zu erwarten. Allein der blinde Neid kann ihn belügen, daß das Geld der Anderen ihm genommen, das Glück des Nächsten sein Unglück sei. Und was der Reichtum bedeutet für die Steuerkraft und damit die Wehrhaftigkeit der Nation, für die Güter der Kultur, für die Schaffung von Arbeitsgelegenheit und den Exportkapitalismus, der uns das Ausland tributpflichtig macht, das alles braucht hier nur angedeutet zu werden, um die Gemeinschädlichkeit der Tendenzen zu bezeichen, welche den privaten Reichtum, den „Kapitalismus", zerstören möchten.

Aber sollte es nicht doch angezeigt sein, dem Vermögen des einzelnen eine obere Grenze zu setzen, sowohl im sozialen wie im Steuer-Interesse? Vor kurzem ist irgendwo der Vorschlag aufgetaucht, daß niemand mehr als zwanzig Millionen Mark solle besitzen dürfen, und, soviel ich weiß, hat der Plan auch in dem sozialpolitischen Herzen eines Professors der Nationalökonomie gezündet. Es ist das bezeichnend für die Art und Weise, wie man vor lauter Sozialpolitik sein nationalökonomisches Urteil verlieren kann. Ein solches Gesetz würde die Nation der Tätigkeit gerade ihrer eminentesten Wirtschafter berauben, woran nur die Landesfeinde ihre Freude haben könnten. So liberal die Bemessung des zulässigen Privatvermögens auf zwanzig Millionen erscheint — es soll ja Leute geben, die auch mit der Hälfte noch ganz anständig auskommen —, so verständnislos ist die Zumutung an einen großen Industriellen, er solle von der Erreichung des Maximums ab seine Tätigkeit entweder einstellen oder nur für Rechnung des Fiskus fortsetzen. Daß solch ein Mann Verwalter und Mehrer nationaler Kraft ist, die er nicht mit in sein Grab nimmt, sondern seiner Nation schenkt — denn die Nation besitzt ihre Güter nur in den Personen der Individuen —, dafür hat mancher Sozialpolitiker heute das richtige Verständnis verloren.

4.

Kriegs-Sozialismus.

Nun ist der Krieg gekommen und mit ihm die Absperrung der Grenzen. Ließ man die freie Wirtschaftsverfassung walten, so war von vornherein klar, daß die Lebensmittelpreise unter der Wirkung der durch den Heeresbedarf verstärkten Nachfrage und des durch die Einfuhrbeschränkung verminderten Angebots beträchtlich steigen mußten. Das bedeutete für alle diejenigen, die infolge des Krieges nicht mehr oder gar weniger als sonst verdienten, eine empfindliche Einschränkung der Lebenshaltung, während es andererseits den Produzenten und Händlern große Konjunkturgewinne in Aussicht stellte. Sollte die Regierung dieser vom sozialen Gesichtspunkt unerfreulichen Entwicklung mit gebundenen Händen zusehen? Es ist bekannt, wie sie sich entschieden hat. Sie hat sich nicht darauf beschränkt, nur für die wirtschaftlich Schwachen soziale Fürsorge zu üben, sondern sie ist zu sozialistischen Prinzipien fortgeschritten. Sie hat sich zu der Aufgabe bekannt, „die vorhandenen Lebensmittel möglichst gleichmäßig und gerecht zu verteilen" (Schreiben des Reichskanzlers an die Generalkommission der Gewerkschaften vom 19. August 1916) und hat das Abgeben der Lebensmittel von den reicheren Teilen Deutschlands an die bedürftigeren unter dem Gesichtspunkt der Brüderlichkeit gestellt. (Allerhöchster Erlaß vom 31. Juli 1916). Die Gleichheit und Brüderlichkeit haben es also übernommen, die Dienste zu leisten, die bis dahin dem Eigennutz und dem Erwerbssinn des Landwirts und des Kaufmanns zugewiesen waren.

Wohlverstanden, dieser Sozialismus ist kein allgemeiner. Er gilt nur für die Lebensmittel der Nation. Für den zweiten großen Teil des Kriegsbedarfs, für Ausrüstung, Waffen und Munition gilt er nicht. Die Heeresverwaltung hat sich durch die hohen Preise, die sie am Anfang des Krieges bieten mußte, nicht bewogen gefunden, Höchstpreise gesetzlich anordnen zu lassen, und sie hat wohl daran getan, die Freiheit der Produktion und des Handels nicht anzutasten. Denn die hohen Preise haben einen gewaltigen Wettbewerb, besonders in der Granatenfabrikation, ins Leben gerufen, der es dem Kriegsministerium ermöglicht, den Bedarf im Ueberfluß zu normalen Preisen zu decken.

Aber unser Lebensmittelmarkt steht im wesentlichen unter sozialistischer Verfassung. Wir haben Höchstpreise, deren Ueberschreitung mit schwerer Strafe bedroht ist, und soweit ein Höchstpreis nicht besteht, bestrafen wir den Kaufmann als Wucherer, der einen „unangemessenen" Gewinn mit seiner Ware erzielt hat, sollte er auch nur zum Marktpreise verkauft haben. Wir haben Beschlagnahmen erlebt, bei denen wir mit mehr oder weniger Befriedigung wahrgenommen haben, daß der Kaufmann längst nicht seinen Einstandspreis ersetzt erhielt. Das geschieht ihm recht, sagten die Leute, warum kauft er zu Wucherpreisen! Wir sehen täglich die Lebensmittel-Polonaisen vor den Geschäften, hören über fehlende Kartoffeln oder deren Verderbnis klagen, und finden, daß die Bauern die Märkte besser beschicken sollten. Wir haben ein System öffentlicher Versorgung und Rationierung, der freie Warenverkehr zwischen den Bundesstaaten, Provinzen und Kreisen ist durch unzählige Grenzpfähle gesperrt (wie könnten sich sonst die einzelnen Versorgungszentren die Vorräte sichern?), und „Ueberschußkreise" liefern an „Bedarfskreise" die Kartoffeln, die dann in weiten Reisen die Betriebsergebnisse der Eisenbahnen aufbessern und manchmal daran zugrunde gehen, manchmal aber auch unversehrt in die pflegsamen Hände der Stadtverwaltungen gelangen. Das sind die allen bekannten Merkmale der heutigen Wirtschaftsordnung, die den „verteuernden Zwischenhandel" ausgeschaltet hat und dadurch imstande ist, die Lebensmittel auf wohlfeiler Preislage zu halten, so daß auch der kleine Mann sie kaufen und bezahlen kann, vorausgesetzt allerdings, daß sie da sind.

Wie steht nun der Wirtschaftsliberalismus dieser Entwicklung gegenüber? Der Wirtschaftsliberalismus, sagten wir bereits, hat aufgehört, Partei-Maxime zu sein. Aber damit hat er nicht aufgehört zu leben. Im Gegenteil hat sich seine geistige Bedeutung nur noch gesteigert. Er ist Wissenschaft geworden, und seine Wahrheiten bilden die Elemente der Volkswirtschaftslehre. Was der Preis und die freie Preisbildung, was die Produktion und der Handel für das Leben der Nation bedeuten, und welche Voraussetzungen erfüllt sein müssen, um ihr gesundes Funktionieren zu gewährleisten, das alles steht über den Ansprüchen einer erregten Volksmeinung und über den unbesonnenen Forderungen einer leidenschaftlichen und schlecht unterrichteten Tagespolitik. Nur ein wirklicher Staatsmann, der die Tragweite seiner Handlungen zu ermessen weiß, darf die alten Lehren durchbrechen und seine Ziele auf neuem Wege suchen. Aber er muß die wissenschaftlichen Grundsätze, mit denen er sich in Widerspruch setzen will, vorher in ihrer ganzen Wahrheit erfaßt haben, wenn er nicht Gefahr laufen will, den Schaden zu unterschätzen, der von der Verletzung der alten Lehre droht, und bei der Abwägung der Vorzüge und Nachteile des neuen Verfahrens in Irrtümer zu geraten.

Auch die wissenschaftlichen Wahrheiten haben keinen Anspruch auf absolute Herrschaft. Vor dem fortschreitenden Leben hat die Wissenschaft nicht selten ihre Grundsätze und Ansichten revidieren müssen. Wenn ein Gelehrter etwa einen neuen Gedanken mit dem Argument bekämpft, daß weder die Wissenschaft noch die Erfahrung ihn unterstütze, so vergißt er, daß der Fortschritt der Erfahrung und Wissenschaft vorauszugehen, nicht ihnen zu folgen pflegt. Es wäre daher vorschnell, unseren Kriegssozialismus schon um deswillen verurteilen zu wollen, weil er den bisherigen Lehren der Volkswirtschaft widerspreche. Ob es richtige, ob es falsche Politik gewesen, darüber wird erst die Geschichte ihr endgültiges Urteil fällen. Wohl aber ist es erlaubt, über den Weg, auf welchem wir dahinschreiten, begrifflich Klarheit zu gewinnen, indem wir uns an den alten Lehren vergegenwärtigen, wie weit wir uns von den gewohnten Bahnen entfernt haben. Denn die Politik will mit dem Kopfe getrieben und verstanden sein, nicht mit unklaren Instinkten und Gefühlsausbrüchen. Stellen wir also einmal die Erkenntnisse der alten Wirtschaftslehre in der vom Sozialismus ungetrübten Gestalt, wie sie uns etwa Altmeister Roscher hinterlassen hat, der neuen Zeit gegenüber.

5.

Die alte Wirtschaftslehre und das neue System.

Das Grundprinzip der ökonomischen Lehre ist trotz aller zugestandenen Ausnahmen das freie Gewährenlassen des wirtschaftlichen Getriebes. Dieses wird als ein Organismus aufgefaßt, der sich selbst reguliert. Steigen die Preise, so ist das nicht Händlerbosheit, sondern eine natürliche Folge der Warenknappheit, welche die Konsumtion einschränkt, der Produktion aber höhere Gewinne in Aussicht stellt und ihre Leistungen dadurch anspornt. Halten die Händler mit der Ware zurück, so zeigt das, daß diese klugen Leute, die den Markt übersehen, von der Zukunft noch höhere Preise erwarten, daß also die Knappheit in der Folge voraussichtlich noch zunehmen wird, und daher noch größere Sparsamkeit am Platz ist. Dieser Preisbildung durch obrigkeitliche Anordnung niedriger Preise entgegenzuwirken, wird also von der alten Lehre als eine Schädigung der Volkswirtschaft aufgefaßt, weil es die heilsame Einschränkung des Konsums wie die Anspornung der Produktion in gleicher Weise verhindern würde. Und wenn man gar das Zurückhalten von Ware mit Strafe belegt, so schädigt man damit die künftige Versorgung, welcher ja die zurückgehaltene Ware zu dienen bestimmt ist. Der obrigkeitliche Eingriff also kann nach alter Lehre nur die vorzeitige Verzehrung der vorhandenen Vorräte bewirken, erkauft mithin die augenblickliche Begünstigung der Konsumenten mit deren späterer Not.

Also sollen Produzenten und Händler ungeheure Gewinne auf Kosten der Konsumenten machen! — ruft der Sozialismus entsetzt aus. Und die alte Lehre erwidert darauf in aller Ruhe: Konjunktur-Gewinne bedeuten keine Schädigung der Volkswirtschaft, kommen sogar den Kriegsanleihen zugute, und den Neid kenne ich nicht. Der Aermsten nehme sich der Staat an, die anderen aber mögen sich bei hohen Preisen lieber von Anfang an knapp einrichten, als daß sie bei niedrigen Preisen das Vorhandene vor der Zeit aufzehren und nachher Hunger leiden. — So soll es also den Händlern freistehen, wendet der Sozialismus ein, die Preise für die notwendigen Lebensmittel beliebig in die Höhe zu treiben? Oder welche Gewähr besteht, daß der Markt „richtige" Preise schafft?

Darauf meint die alte Lehre, daß stürmische Marktbewegung wohl vorübergehend falsche Preise hervorrufen könne, daß aber der freie Wettbewerb die richtige Marktlage stets wiederherstelle. Kein Händler will auf seiner Ware sitzen bleiben; er will deshalb nicht zu einem höheren Preise kaufen, als schließlich der Konsument anzulegen bereit sein wird. Auch ist die Kaufkraft der Konsumenten keine Größe, die beliebiger Steigerung fähig wäre, sondern sie ist von den Einkommensverhältnissen abhängig. Die Händler aber konkurrieren vor dem Publikum in der Billigkeit; keiner will seine Kunden dadurch verlieren, daß er mehr verlangt als sein Konkurrent, und einen kleinen aber sicheren Gewinn zieht die große Mehrzahl der Händler dem großen und unsicheren vor. Wie aber nicht nur die Händler, sondern auch die unter einander vertretbaren Lebensmittel konkurrieren, so daß keine Ware überhoch im Preise bleiben kann, das haben wir in den letzten Monaten zu ersehen ja reichlich Gelegenheit gehabt.

Alle diese Faktoren kämpfen gegen die Uebertreibung der durch den Krieg bedingten Preissteigerung. Uebrigens sind es nicht die Händler, sondern die Konsumenten, die in kopfloser Hast durch überstürzte Käufe die Preise nach oben jagen. Höchstpreise haben daher in Uebergangszeiten als vorübergehende Polizeimaßregel einen guten Sinn, wenn sie die Käufer vor den Folgen ihrer eigenen Torheit schützen sollen.

Aber gilt das alles auch jetzt in Deutschland, wo die Grenzen, mindestens gegen die überseeische Zufuhr, fast hermetisch verschlossen sind? Leben wir nicht wie in einer belagerten Festung, deren Bewohner auf Rationen gesetzt werden müssen? — Das ist eine weit verbreitete, aber offenbar irrige Ansicht. Eine Festung kann ausgehungert werden, Deutschland aber kann sich selbst ernähren. Ein Land, in dem Autarkie möglich ist, ist nicht gezwungen, zum Festungskommunismus zu schreiten.

Freilich glaubt man allgemein, durch die Sperrung der Grenzen sei ein normaler Markt unmöglich geworden. Wenn das Angebot nicht beliebig vergrößert werden könne, so wären die Verkäufer imstande, ihre Ueberlegenheit monopolistisch auszubeuten. Davon könnte allerdings bei ausländischen Waren, die wir absolut nicht entbehren können, dann die Rede sein, wenn die Verkäufer sich syndikatsmäßig zusammenschlössen. Aber erstens ist nichts Ausländisches schlechthin zum Leben unentbehrlich, und zweitens haben die Verkäufer zwar ein Interesse an möglichst hohen Preisen, aber wünschen nicht minder, daß ihre Ware noch vor Kriegsende in den Konsum gelange, wirken also durchaus in der Richtung des Gesamtinteresses, das den sparsamsten Verbrauch bis Friedensschluß verlangt. Sie werden sich also vor einem Verfahren in acht nehmen, das sie in die Gefahr bringen würde, noch bei Kriegsende ihre Vorräte unverkauft zu haben, ob sie sich nun kartellieren, oder, was in solchen Konjunkturzeiten das Natürlichste ist, jeder für sich wirtschaftet.

Ist also die Monopolgefahr schon bei ausländischen Artikeln nur Einbildung, wievielmehr gilt dies für die inländische Produktion. Trotzdem spukt die Monopolfurcht wie ein Gespenst durch ganz Deutschland. Man besinne sich doch einmal: eine Ernte, deren Wert auf 15—16 Milliarden veranschlagt wird, an der Hunderttausende von Köpfen als Landwirte und Händler beteiligt sind, soll Gegenstand eines Monopols sein? Bauer, Kaufmann und Kleinhändler allesamt Wucherer? — Das ist völlige Gedankenwirrnis, geboren aus der langentwöhnten Erfahrung, die wir plötzlich machen mußten, daß der Lebensmittelmarkt, der doch sonst immer so reichlich ausgestattet war, plötzlich zu knapperer Lebenshaltung nötigte. Die Teuerung, die unseren Vorfahren bei jedem schlechteren Erntejahr eine gewohnte Erscheinung war, schien unserer Zeit so ungeheuerlich, daß wir sie für unvereinbar hielten mit dem richtigen Funktionieren des Lebensmittelmarktes. Wir dekretierten, daß bei einem verminderten Angebot, das die gewohnte Nachfrage nicht mehr befriedigen könne, der Markt gestört, und die gestiegenen Preise künstlich und gemeinschädlich seien. Wir zerschlugen die Uhr, weil uns die Stunde nicht gefiel, die sie zeigte, gerade als wir des Zeitmessers am dringendsten bedurften. — Möge das Instrument, das wir dagegen eingetauscht haben, das Opfer lohnen.

Der volkswirtschaftliche Wert des Großhandels besteht nach der alten Lehre darin, daß er die Ware auf dem kürzesten und billigsten Wege von dem Produzenten zum Kleinhändler an den Ort des Verbrauchs schafft. Je billiger ihm die Ware am Ankunftsort einsteht, um so günstiger kann er seinen Kunden bedienen. Der ganze Wettbewerb des Handels drängt also auf Verbilligung der Ware, natürlich nicht um der schönen Augen des Kunden willen, sondern im eigenen Interesse des Kaufmanns, der sich leistungsfähiger zeigen will als seine Konkurrenz und dadurch sein Geschäft und seinen Gewinn vergrößert. Erfahrung, Intelligenz, Geschäftsgewandtheit, Initiative sind dieser, ebenso das eigene wie das Wohl der Gesamtheit fördernden, Tätigkeit dienstbar gemacht. Alle diese Kräfte liegen nun brach. Die Vertreter von Ueberschußkreisen handeln mit den Vertretern von Bedarfskreisen zu festen Preisen ohne Qualitätsunterscheidung, und die Kartoffeln machen lange Eisenbahnreisen.

Werden aber die Ueberschußkreise auch alles, was sie geben können, den Bedarfskreisen zur Verfügung stellen? Der Wille wird ja gewiß da sein. Aber jeder Kreisvorsteher hat das Recht und die Pflicht, zunächst für seinen eigenen Kreis zu sorgen, und wird dessen Bedarf lieber zu hoch als zu niedrig berechnen. Daraus ergibt sich dann ein gewisser Ueberfluß, der auf der anderen Seite einen Mangel hervorrufen wird, weil doch nun einmal nur gerade genug für alle da ist.

Von den Kleinhändlern wußte die alte Lehre zu melden, daß sie die Funktion der sorgfältigen Aufbewahrung für die Hausstände erfüllten. Ihr eigenes Interesse und ihre Sachkenntnis sorgten dafür, daß so wenig wie möglich zugrunde gehe. Das neue System sucht sie nach Möglichkeit auszuschalten und überläßt die Vorräte ungeübten Händen. Den Erfolg muß die Zukunft zeigen.

Das ist das gewichtigste Moment in der neuen

Wirtschaftsordnung, daß kein individuelles Vermögens-Interesse mehr an der Erhaltung und Beschützung der Ware beteiligt ist. Wir verwinden es leicht, wenn wir der Erntearbeiten halber einmal mit Kartoffeln unzureichend versorgt werden, obgleich der freie Handel solche Hinderungsgründe nicht kannte, aber der Gedanke, daß sachunkundige Beamte die leicht verderbliche Ware zu betreuen haben, bedrückt uns mit banger Sorge und der Frage, warum wir eigentlich diese Gefahr auf uns genommen haben. Werden die Kartoffeln durch das unwirtschaftliche Umherfahren und die unausbleibliche Verderbnis für die Gesamtwirtschaft nicht viel teurer, als Produktion und Handel sie je hätte werden lassen? Und muß die Unwirtschaftlichkeit sich nicht in einer Verminderung der nationalen Ersparnisse und daher auch des Ergebnisses der Kriegsanleihen ausdrücken?

6.

Kaufmann und Landwirt unter der Kriegsverfassung.

Das neue System aber begnügt sich nicht damit, den Handel auf einigen ausgewählten Warengebieten auszuschalten, auf anderen ihn durch Höchstpreise zu fesseln, es greift durch seine Bestimmungen über den Wucher unmittelbar an die Wurzeln seiner moralischen Existenz. Es erklärt den Kaufmann zum strafwürdigen Wucherer, wenn er an seiner Ware einen mehr als „angemessenen" Gewinn macht, und das Reichsgericht setzt hinzu: Selbst wenn er nur zum Marktwert verkauft hat! Hier versagt uns, die wir in der alten Wirtschaftslehre großgeworden sind, das Verständnis. Der Kaufmann, der seine Ware unter Marktwert verkauft, galt bisher für einen gefährlichen Narren, der nicht nur sich, sondern auch den Markt, und damit die Gemeinwirtschaft schädigt. Jetzt soll dergleichen soziales Pflichtgebot sein? Nun, angenommen, alle Händler hätten sich aus sozialem Idealismus bei Kriegsausbruch das Wort gegeben, ihre sämtlichen Waren zu alten Preisen an die Konsumenten abzugeben, wie schnell hätte sich diese unnatürliche Liberalität durch baldigen Eintritt schweren Mangels rächen müssen, wo der Regulator des Konsums, der steigende Preis, außer Funktion gesetzt war? Aber die Forderung geht ja noch weiter. Jeder „unangemessene" Gewinn soll verboten sein, der Kaufmann soll gegebenenfalls unter dem Marktwert verkaufen. An wen aber? Wer ist der glückliche, der das Recht haben soll, eine Ware unter Marktpreis zu erwerben? Darauf fehlt die Antwort. Man sieht, es kommt mehr darauf an, daß des Kaufmanns Verdienst geschmälert als daß irgend jemandem gegeben werde. Das ist bezeichnend als Beispiel einer neidischen Gesetzgebung. Und wenn der Staat darüber wachen will, daß der Kaufmann nicht unangemessen an der Konjunktur verdiene, will er dann auch dafür Sorge tragen, daß im umgekehrten Fall sein Konjunkturverlust sich stets in angemessenen Grenzen halte? — Ach nein, daran denkt wohl niemand. Es soll ja nur genommen, nicht auch gegeben werden; denn Kunjunkturgewinne, erklärte jüngst ein sozialdemokratischer Abgeordneter, sind im Kriege unmoralisch. Darauf wäre zu erwidern gewesen: Konjunkturgewinne sind ebenso wenig unmoralisch, wie Konjunkturverluste moralisch. Unmoralisch aber ist der Neid auf die Konjunkturgewinne. Denn Neid ist gemeinschädliche Niedertracht und keineswegs, wie man heute vielfach zu glauben scheint, ein des staatlichen Schutzes würdiges sittliches Gut.

In der Tat aber wird dem Kaufmann mehr genommen, als Geld. Denn ein Verhalten, das im Kriege strafbares Vergehen ist, nämlich die Erzielung eines beträchtlichen Gewinnes, kann doch auch im Frieden mindestens nicht ehrenhaft sein. So wankt der moralische Boden unter den Füßen des Handelsstandes. Daß der Kaufmann dem Gemeinwohl dient, indem er seinen Gewinn sucht, hat Friedrich List umsonst gelehrt Ueber jeden Kaufmann, der alte Lagerbestände in Kolonialwaren, Gewürzen usw. hat, schwebt das Damoklesschwert der Wucheranklage und fällt herab oft gerade auf die ehrenhaftesten Elemente, während sich die minder zuverlässigen den Schlingen des neuen Rechts geschickt zu entziehen wissen. Wo ist aber der wirkliche Unterschied zwischen Handel und Wucher? Wucher ist die monopolistische Ausbeutung der Notlage anderer. Wucher kann gar nicht aufkommen, wo der Handel und die freie Preisbildung ungefesselt sind. Nur wo der freie Handel erschlagen am Boden liegt, und die Macht des Angebots in wenigen starken Händen konzentriert ist, nur dort ist Wucher möglich. Davor möge die Regierung sich und das Volk behüten. Wenn man aber den frei handelnden Kaufmann um seines Konjunkturgewinnes willen offiziell Wucherer nennt, so heißt das, einen ehrenhaften Stand mit einem Schimpfwort belegen und ihn vor den anderen Ständen entehren. Welche Verwirrung muß im Geiste des Volkes entstehen, wenn eine Handlungsweise, die, seit die Erde steht, gutes Kaufmannsrecht gewesen und dem allgemeinen Wohle gedient hat, als strafwürdiges Vergehen neben die größte Schändlichkeit gestellt wird, die überhaupt denkbar ist, nämlich die Vernichtung von Lebensmitteln zur Herbeiführung von Preiserhöhungen? So aber ist's geschehen im Kriegswuchergesetz, das beide Handlungen mit derselben Strafe bedroht.

Auch bei der Verfolgung des Kettenhandels hat man die natürlichen Zusammenhänge nicht ausreichend gewürdigt. Sehen wir von den unsauberen Elementen ab, deren Entfernung aus dem Lebensmittelhandel aus gewerbepolizeilichen Gründen zu wünschen ist, und nehmen den Tatbestand rein sachlich, so ist der Kettenhandel an sich nichts volkswirtschaftlich Schädliches. Denn nicht der Kettenhandel m a c h t die Preise, — dazu ist er gar nicht imstande — sondern er t e i l t sich den Gewinn der zwischen dem früheren und dem späteren Preise liegt. Im Grunde scheint er mir nur die vorhin ausgesprochene Erfahrung zu bestätigen, daß sich der Händler gern mit kleinem Gewinn bei raschem Umsatz zufrieden gibt und das Risiko des langen Zurückhaltens der Ware scheut (was den Befürchtungen wegen Lebensmittelwuchers zum größten Teil den Boden entzieht).

Und nicht minder schwer wie dem Handelsstand wird es dem Bauern, sich die Moral des neuen Régime zu eigen zu machen. Von der Landwirtschaft als dem Urgewerbe sind wir heute mehr denn je abhängig. Alle innere Politik müßte dahin gerichtet sein, den Bauern zu freudigem Schaffen und Darbringen zu bewegen, seinen Kopf, seinen Arm zu verdoppelten Leistungen anzuspornen. Nach der alten Lehre wäre das mit der freien Preisentwicklung besser zu erreichen gewesen, als mit Höchstpreisen und Beschlagnahmen, die ihn nötigen, seine Erzeugnisse unter ihrem Werte abzuliefern; ja unter ihrem Werte, denn was ihm im freien Verkehr ohne den Eingriff des Staats geboten werden würde, ist ihm der Wert seiner Produkte. Der Bauer haftet starr am Eigentumsbegriff. Das macht ihn stark gegen alle sozialistischen Anwandlungen, macht ihn aber auch zum Gegner eines Kriegssozialismus, der zugunsten städtischer Konsumenten-Interessen in seine Privatrechte eingreift. Wenn die Kartoffeln künstlich so niedrig im Preise gehalten werden, daß er es wirtschaftlicher findet, sie an das Vieh zu verfüttern, statt sie auf den Markt zu bringen, oder wenn Hausschlachtungsverbote ihm den Nutzen seiner Masttätigkeit zu entziehen drohen, so wird man schwerlich in dem Bauern die Gesinnung wecken, die ihn befähigt, als brüderlicher Helfer seinen städtischen Landsleuten zur Seite zu stehen.

7.

Die Kriegswirtschaft ein nationaler Erfolg?

Wenn die alte Lehre sich nie würde haben überzeugen lassen, daß man mit Höchstpreisen, Beschlagnahmen und inneren Ausfuhrverboten denselben wirtschaftlichen Effekt zu erzielen vermöchte, wie durch den freien Verkehr, so hätte sie doch keineswegs solchen Anordnungen widersprochen, welche dem unwirtschaftlichen Verbrauch der Volksnahrungsmittel entgegenzuwirken und der ärmeren Bevölkerung ein genügendes Angebot zu sichern bestimmt sind. Das gilt vor allem von der Brotkarte, der Kartoffelkarte und den Zusatzkarten für die Minderbemittelten. Die Befürchtung, die man oft hat äußern hören, daß bei freier Preisbildung die Reichen den Armen alle Lebensmittel wegkaufen würden, wäre damit behoben, wenn sie nicht an und für sich schon unhaltbar wäre. Denn die Wohlhabenden sind an Zahl gering gegen die Massen der Bevölkerung, und was sie verzehren ist ein sehr bescheidener Teil der Gesamtnahrungsmenge. Reicht diese überhaupt, wenn auch nur knapp, für alle Köpfe aus, so muß sich der Preis der Volksnahrungsmittel den Einkommensverhältnissen der Ueberzahl anpassen. Denn nicht nur will das Volk essen, sondern die Bauern und Händler wollen auch verkaufen und nicht ihre Ware verderben lassen. Wie bei einer Auktion sind es die Bieter, die den Preis bestimmen. Denn allem Handel liegt eine latente Auktion zugrunde. Daß in Kriegszeiten die Leute einen größeren Teil ihres Einkommens zu ihrer Ernährung verwenden, als im Frieden, versteht sich bei der verstärkten Nachfrage auf dem Lebensmittelmarkt von selbst. Deshalb war die Ansetzung von Kriegshöchstpreisen auf oder wenig über Friedenshöhe überall wo sie vorgekommen ist, ein Fehler, ganz einerlei, wie man sich prinzipiell zu den Höchstpreisen stellt.

Selbst die Monopolisierung des Brotgetreides wäre für einen aufgeklärten Wirtschaftsliberalismus annehmbar gewesen, wenn sie nicht sozialistische Gleichmacherei, sondern die Sicherung des Existenz-Minimum bezweckte. Natürlich unter der Voraussetzung, daß dadurch weder die Produktion gehemmt wird, noch die Ware in Verderbnis gerät, was bei Korn und Mehl möglich sein mag, bei leichtverderblichen Volksnahrungsmitteln nach den bisherigen Erfahrungen aber nur der freie Handel gewährleistet.

„Teuerung ist schlimmer, als Knappheit“, verkünden die Vertreter der Konsumenten-Interessen[4]), deshalb müsse auf alle Weise der Preis der Nahrungsmittel tief gehalten werden. Die alte Lehre würde darauf erwidern, Teuerung sei von Knappheit nicht zu trennen; versucht man es, so nehme man sich in acht, daß aus der Knappheit nicht Mangel werde. Denn die Teuerung bedeute nicht Hungersnot, sondern verhüte sie vielmehr, indem sie die Lebensmittel strecke.

So stehen sich die neue Zeit und die alte Lehre feindlich gegenüber, und nur der Ausgang kann lehren,

---

[4]) z. B. der Reichstagsabgeordnete Sivkovich im Berliner Tageblatt v. 18. IX. 16 (Morgen-Ausg.)

wer Recht behält. Die Aufgabe, die ich mir gestellt hatte, bestand nicht darin, ein Urteil darüber zu fällen, ob die Regierung bei der Inauguration des Kriegssozialismus wohlberaten war — das bleibe der Zukunft vorbehalten —; ebensowenig wollte ich über die strafrechtlichen Mißgriffe des Kriegswuchergesetzes hinaus die wirtschaftlichen Maßregeln der Regierung zum Gegenstand meiner Kritik machen — dazu würde es einer Durchprüfung zahlreicher Spezialfragen der Produktion und Ernährung bedürfen, die unmöglich in dem Rahmen eines Aufsatzes zu bewältigen wäre —; nur dahin ging meine Absicht, den Blick zu schärfen für die begriffliche Erfassung des fundamentalen Unterschiedes, der zwischen der Kriegswirtschaftsordnung und der bisher geltenden Volkswirtschaftslehre besteht. Unsere Regierung hat mit kühnem Griff die natürliche Triebkraft unseres Wirtschaftsmechanismus ausgeschaltet und sie ersetzt durch die Macht eines bewußten Willens. Die Zweifel und Bedenken, die mich angesichts dieses gigantischen Unternehmens erfüllen, konnte und wollte ich nicht unterdrücken. Aber niemand kann sehnlicher wünschen, als ich, daß dieses große Werk in der Geschichte der Zeiten fortleben möchte als ein glänzendes Zeugnis des deutschen organisatorischen Geistes und nicht als warnendes Exempel sozialistischer Gleichmacherei.

FSC
www.fsc.org
MIX
Papier | Fördert gute Waldnutzung
FSC® C083411

Kolibri 360 GmbH
Ferdinand-Jühlke-Straße 7
99095 Erfurt, Deutschland
produktsicherheit@kolibri360.de